L'Anxiété Dans

Les Relations

Le guide du débutant sur l'anxiété

dans les relations

Par *Logan Thomas*

I0135242

EFFINGO
Publishing

Pour plus de livres, visitez :

EffingoPublishing.com

Télécharger un autre livre

gratuitement

Nous tenons à vous remercier d'avoir acheté ce livre. Nous aimerions vous en offrir un autre (aussi long et précieux que celui-ci), *"Les erreurs de santé et d'exercice que vous ne savez pas que vous faites."*, entièrement gratuit.

Visitez le lien suivant pour vous inscrire et le recevoir :

www.effingopublishing.com/gift

Dans ce livre, nous analyserons les erreurs les plus courantes que vous faites probablement en ce moment en ce qui concerne la santé et l'activité physique, et nous vous révélerons comment vous pouvez facilement vous mettre dans la meilleure forme de votre vie.

En plus de ce précieux cadeau, vous aurez également la possibilité de recevoir gratuitement nos nouveaux livres, de participer à des tirages au sort et de recevoir d'autres courriels de notre part. Encore une fois, visitez le lien pour vous inscrire :

www.effingopublishing.com/gift.

Tables des matières

INTRODUCTION

Avoir une relation avec une personne qui a des soucis ou un problème de stress peut être très pénible. La personne concernée peut se sentir comme une personne de plus dans la relation. Une substance irritante que vous avez mise entre vous et votre partenaire. Le stress semble toujours mener à l'incertitude et au désordre dans la relation. Personne n'est prêt pour cela dans une relation. Vous ne pouvez pas choisir qui vous aimez, et il n'y a pas de cours auxquels vous pouvez assister, donc vous êtes probablement prêt à aimer quelqu'un qui a un problème de santé psychologique.

Cette tension n'a pas besoin d'effacer ou de mettre du poids sur une relation. Lorsqu'une personne apprend à comprendre l'anxiété et la façon dont elle peut influencer son partenaire et la relation en général, la relation peut se rétablir, permettant aux deux d'interagir plus profondément sur le plan émotionnel.

Ce livre est un guide informatif sur ce qu'une personne devrait savoir si elle souffre d'anxiété ou si elle est en relation avec une personne qui a un problème d'anxiété. Il vous guidera dans la procédure à suivre pour faire sortir l'autre personne de votre relation.

Avant d'examiner les complexités de l'anxiété dans une relation, il est essentiel de savoir ce qu'est l'anxiété. L'anxiété peut être caractérisée comme ;

La réaction naturelle de transformation prédateur/proie que toutes les créatures ont. Fondamentalement, cela signifie que dans les jours précédents, les progrès actuels ont été réalisés ; il s'agissait de réactions organiques essentielles qui ont permis aux individus d'éviter des circonstances dangereuses ou sauvages. La réaction de danger a provoqué une poussée d'adrénaline, déclenchant une réaction hormonale et de brassage à l'esprit pour revigorer la réaction de combat ou de fuite. Cela prépare le corps à faire face à une circonstance ou à échapper au bien-être physique. Dans une société avancée, ces réactions sont maintenant déclenchées par la pression du travail, les pénuries d'argent, les préoccupations en matière de bien-être et d'autres qui voyaient constamment des dangers pour notre prospérité. Il est généralement représenté comme un sentiment de nervosité, de papillon ou d'insécurité et n'est qu'une apparence de notre réaction unique de combat ou de fuite.

Les problèmes d'inconfort, bien qu'ils fassent toujours partie de la capacité moyenne des organes, surviennent lorsqu'il y a une réponse déséquilibrée à des impulsions désagréables. Ces réponses déséquilibrées provoquent une réaction physique qui dure plus longtemps qu'une période ordinaire et incorporent l'hypertension, la transpiration, les tremblements, les étourdissements et le besoin de se limiter. Au-delà de ce présent, la personne souffrant d'un problème de stress peut intuitivement afficher des pensées et des situations qui déclenchent davantage de réactions de combat ou de fuite. Ces réactions rendent généralement la personne souffrant de nervosité non préparée à travailler au quotidien, car elles tournent sans fin à travers toute la tension.

Le fait de découvrir que votre partenaire est stressé peut se produire soit lorsqu'il vous le fait savoir, soit lorsque vous le découvrez par son comportement. Il n'est jamais facile d'admettre qu'une personne a un problème psychologique, alors parler de l'anxiété de votre partenaire doit être fait avec sensibilité. Que vous disiez à votre partenaire que vous subissez les effets négatifs du stress, ou que vous obteniez des informations sur votre nervosité, la façon dont le sujet est abordé peut représenter le moment de vérité dans une relation. Voici quelques éléments à retenir lorsque vous parlez de l'anxiété dans une relation ;

-- L'anxiété ne peut pas être diminuée ; c'est un vrai problème et ce n'est pas quelque chose que les individus compensent pour leur considération. Le malaise est un problème de bien-être psychologique.

-- L'anxiété est une réaction humaine ordinaire, et tout le monde en souffre de temps en temps. La détresse peut devenir un problème ou une confusion lorsqu'il y a une possibilité qu'elle devienne grave et durable.

-- L'anxiété peut être nuisible à un individu et peut l'empêcher de sauter dans les mouvements de la vie quotidienne ou, en tout cas, de travailler avec précision.

-- L'anxiété peut amener les gens à vivre leur réaction quotidienne de combat ou de fuite face à des choses qui ne sont pas dangereuses. Cela peut comprendre un stress déraisonnable à savoir si votre partenaire vous trompe ou s'il prend des dispositions pour vous quitter.

-- L'anxiété ne peut être ni fixée ni soulagée.

-- Les personnes qui subissent les effets néfastes de la nervosité n'en ont pas besoin. En règle générale, elles mettent l'accent sur le fait qu'elles sont un fardeau pour les personnes qui les entourent ou pour leurs proches.

-- Dans le monde entier, un grand nombre de personnes subissent les effets néfastes de la nervosité. Malgré cela, ils ont des relations optimistes et solides qui sont florissantes.

-- L'anxiété peut se manifester par des ondes fiables ou sporadiques. Ceux qui ont des problèmes de nervosité ont été calmés par ses effets secondaires, où le malaise n'est influencé par aucune partie de l'imagination.

- La logique et le discernement ne sont pas réalistes lorsque vous vivez des tensions. Les gens qui sont stressés par les choses sont soumis à beaucoup de pression et cela les fera réfléchir de façon déraisonnable et sans fondement.

-- Il ne fait pas face à la possibilité de subir les effets négatifs du stress.

-- L'anxiété peut être traitée. Avec le traitement et à la maison, le stress de la pratique peut être soulagé, car la personne souffrant d'inconfort réalise comment faire l'ajustement et s'adapte à ses effets secondaires.

- Si vous ressentez les effets négatifs de l'agitation, vous êtes susceptible d'investir beaucoup d'énergie dans des situations de stress et de remue-méninges où les choses tournent mal ou finissent par aller dans l'autre sens. Les personnes sous tension interrompent fréquemment les connexions. Elles posent des questions auxquelles il faut répondre par des réponses négatives qui confirment leurs considérations.

Dans certains cas, ces enquêtes ressemblent à cela ;

-- Et s'il ne m'apprécie pas?

-- Pourquoi il me trompe ?

-- Qu'est-ce qu'il me cache ?

-- Et s'il/elle aime davantage quelqu'un d'autre ?

-- Et si mon agitation ruinait notre relation ? (c'est ce qu'on appelle la nervosité de la détresse)

-- Que se passe-t-il si on se sépare ?

-- Quand vais-je être heureux?

Bien qu'il soit typique pour les gens d'avoir ce genre de pensées et de questions de temps en temps, l'anxiété les amplifie. Les personnes ayant un problème de nervosité se posent ces questions souvent et intensément. Les personnes nerveuses imaginent le pire scénario, permettant à leur cerveau de prendre le contrôle de leur façon équilibrée de penser. Les pensées anxieuses peuvent provoquer des effets secondaires physiologiques dans le corps. Ces effets secondaires comprennent ;

-- Essoufflement

-- Insomnie

-- Attaques d'anxiété

-- La lutte contre la violence

La nervosité n'influence pas seulement l'individu qui la ressent. Cela peut causer de l'anxiété chez votre partenaire et peut dévaster une relation. Un premier cas est celui des personnes anxieuses qui essaient de tester le niveau d'engagement de leur partenaire en utilisant des stratégies dangereuses. Dans cette situation, la personne souffrant d'anxiété pense qu'elle est la personne qui initie toujours la communication. La personne nerveuse commence à souligner que son partenaire ne les préfère plus comme avant, car il n'est pas le premier à communiquer aussi régulièrement que le patient. La tension se développe alors et l'individu commence à accepter anxieusement que son partenaire n'interagit jamais avec lui s'il ne lui envoie pas d'abord un message texte. En essayant de réparer sa nervosité, l'individu choisit d'ignorer son partenaire pendant une courte période. Cela permet à votre partenaire d'être le premier à communiquer jusqu'à ce que le patient commence à se sentir beaucoup mieux, réalisant que votre partenaire essaie de parler. Ces faits montrent que votre anxiété est irrationnelle depuis que votre partenaire a initié le contact. Le fait est que ce n'est pas une excellente façon de traiter l'anxiété.

Malheureusement, le comportement anxieux peut se manifester de différentes façons dans une relation. Pratiquement tous sont indésirables.

Ces pratiques peuvent être ;

-- Être en colère, grincheux

-- Être un contrôleur

-- Être déviant et avoir de la difficulté à se concentrer

-- Comportement carrément évasif ou inactif

-- Perfectionnisme

Le stress, s'il n'est pas maîtrisé, peut également avoir des conséquences sur votre bien-être physique. En dehors des réactions physiques ordinaires liées au stress, les progrès et les malaises extrêmes peuvent provoquer ;

-- Suppression de la structure insensible

-- Problèmes digestifs et problèmes interminables

-- Stress circulatoire élevé

-- Perte de mémoire à court terme

-- La maladie des veines coronaires

-- Crises cardiaques et accidents vasculaires cérébraux

Ces problèmes physiques peuvent être dévastateurs si l'anxiété n'est pas correctement contrôlée. Pour faire face aux limitations qui viennent avec le fait d'être dans une relation, on doit faire preuve de patience. Cela conduit principalement à l'anxiété. En tant que personne qui vient de vivre une relation, vous devez respecter le fait que les choses ne sont jamais à sens unique. Il faut faire preuve de souplesse pour régler les choses. Sinon, l'anxiété vous attend, ce qui ne mène jamais à une bonne relation durable et affecte même votre capacité à accomplir la charge de travail de la routine quotidienne, et on peut souffrir de problèmes de santé.

Les chapitres ci-dessous vous aideront, en tant que personne nerveuse, à gérer votre anxiété de façon productive. Je vous aide, vous et votre partenaire, à travailler sur votre santé mentale et à renforcer votre relation.

Aussi, avant de commencer, **inscrivez-vous à notre bulletin électronique** pour recevoir des mises à jour sur les nouvelles sorties de livres ou les promotions à venir. Vous pouvez vous inscrire gratuitement et, en prime, vous recevrez un cadeau. Notre livre *"Les erreurs de santé et d'exercice que vous ne savez pas que vous faites."* Ce livre a été écrit pour démystifier, exposer les choses à faire et à ne pas faire et enfin vous fournir les informations dont vous avez besoin pour être au mieux de votre forme pour sa vie.

En raison de la quantité écrasante de désinformation et de mensonges véhiculés par les magazines et les " gourous " autoproclamés, il est de plus en plus difficile d'obtenir des informations fiables pour se mettre en forme. Contrairement au fait d'avoir à passer par des dizaines de sources biaisées, peu fiables et peu fiables pour obtenir de l'information sur votre santé et votre forme physique. Tout ce dont vous avez besoin pour vous aider a été décomposé dans ce livre afin que vous puissiez le suivre facilement et obtenir des résultats immédiats pour atteindre vos objectifs de mise en forme désirés dans les plus brefs délais.

Encore une fois, pour vous inscrire à notre bulletin électronique gratuit et recevoir un exemplaire gratuit de ce précieux livre, visitez le lien et inscrivez-vous dès maintenant à **www. effingopublishing. com/gift.**

CHAPITRE 1 : CONQUÉRIR VOS ÉMOTIONS

L'anxiété n'a pas à mettre en péril votre relation. Dès que vous aurez vaincu vos sentiments et utilisé les bonnes stratégies d'adaptation, vous pourrez avoir une relation stable. Ces stratégies d'adaptation empêcheront l'anxiété de causer du stress dans votre relation.

Le genre de pensée qui mène à la faiblesse émotionnelle commence régulièrement à l'adolescence. Nous dépendons de nos parents pour tous nos besoins enthousiastes - amour, confort, approbation, etc. De plus, à cet égard, nous ne parvenons pas régulièrement à développer pleinement la capacité de renforcer librement notre qualité de jeunes passionnés, car nos parents, par amour, font tout ce qu'ils peuvent pour répondre à tous nos besoins.

Dès que vous sortez avec quelqu'un, il est facile de tomber dans le piège de l'utiliser comme thérapeute de substitution. Votre partenaire n'est pas votre thérapeute. En attendant qu'il soit votre thérapeute, vous l'ouvrez à l'attachement émotionnel. Cela pourrait provoquer la haine de votre partenaire. En fin de compte, il n'est pas du devoir de votre partenaire de vous fournir une thérapie gratuite. La tâche de prendre le contrôle de vos émotions vous incombe en tant que personne souffrant d'anxiété. Vous voyez un spécialiste qui peut vous montrer des moyens substantiels de gestion du stress qui amélioreront votre satisfaction à l'intérieur et à l'extérieur de votre relation. Dans le cas où vous êtes dans une relation à long terme, vous pouvez envisager d'aller à des séances de couple pour travailler sur la nervosité qui est basée sur votre relation. En faisant cela, vous soulagez la pression sur votre partenaire et votre relation.

Essayez de ne pas vous décourager si votre partenaire s'y oppose dès le début ; continuez le traitement sans personne d'autre. Il vous aidera à développer vos capacités d'adaptation et à améliorer votre anxiété à l'égard de votre partenaire. En vous occupant de votre propre bien-être psychologique, vous êtes sur la bonne voie pour assumer la responsabilité de vos sentiments.

Pourquoi la pensée négative est toxique

La pensée négative est très néfaste. Elle ralentit l'impatience et l'inspiration de l'individu, tant à l'intérieur qu'à l'extérieur de la relation. La pensée négative ajoute à l'hésitation, à la perte de temps, à l'inactivité et à l'incapacité d'atteindre les objectifs et les réalisations. La pensée négative vous défait et vous fait pleurer. En tout cas, le fait est que vos pensées négatives font de vous la cause de tous vos problèmes. Quand vous vous permettez de profiter des sentiments négatifs, vous faites votre propre malheur. Ces pensées négatives peuvent être ;

-- Ça ne va pas marcher.

-- Je suis malchanceux.

-- Quelque chose va certainement mal tourner.

-- Mon partenaire est sans espoir.

-- Pourquoi tant d'ennuis ?

-- Je ne peux pas faire ça.

Il y a vraiment une liste constante de messages négatifs que vous pouvez faire passer. Cela vous décourage d'être proactif et d'aller de l'avant dans votre relation. Pour briser le cycle, vous devez cesser de laisser les pensées négatives entrer dans votre pensée de cette façon en leur donnant le contrôle.

En général, vous vous êtes tellement habitué à votre propre pensée négative qu'il n'est plus conscient de votre propre façon de faire les choses. C'est une question importante. Il doit être de plus en plus conscient. Lorsque des paroles et des considérations négatives peuvent être perçues, elles peuvent être arrêtées et contrées par des messages positifs ou alternatifs. En étant confiant et plein d'espoir, vous pouvez transformer la négativité en vérité, et non en peur. Ce n'est pas parce que les choses n'ont pas fait de liens différents ou vous ont déçu dans le passé qu'elles ne seront pas différentes cette fois-ci. Vous êtes le maître de votre propre destin, et lorsque vous échangez la négativité contre l'inspiration, votre perspective pleine d'espoir se reflète dans votre relation.

Au niveau subconscient, votre négativité est un mécanisme de défense qui vous protège contre tout ce qui pourrait arriver de terrible et qui pourrait vous blesser émotionnellement. En acceptant votre association avec la négativité, vous pensez adoucir le coup si votre relation est raccourcie. En fait, ça ruine votre relation. La nervosité et l'anticipation de l'échec de la relation contribuent à bloquer tout bonheur et toute inspiration d'entrer en relation. Elle arrête le flux d'énergie positive et crée du stress chez votre partenaire.

Un esprit sain exige divers fruits de positivité, de compassion et de compréhension. De même, apprécier et respecter les différences de votre partenaire est une règle d'or qui rapproche les gens. L'indépendance financière, si elle est donnée à une personne, améliore sa santé émotionnelle et crée un sentiment de compassion. Les pensées négatives peuvent éventuellement servir de tueur de relations. Il y a une boucle de rétroaction entre les pensées, les comportements et les sentiments d'une personne. De cette façon, la pensée négative est une forme d'autoabus. Ainsi, la pensée passive peut saboter une relation.

Pour surmonter cette négativité chronique, une personne doit être prête à s'exercer à prendre soin de son partenaire et à reconnaître ses réalisations positives. Parfois, notre esprit fonctionne par distorsion, c'est-à-dire que nous supposons que les pensées inexactes sont exactes et par conséquent, nous supposons le pire résultat possible. La meilleure façon de surmonter cette négativité est de se préparer à porter un jugement. Nous ne devrions pas comparer notre vie à de nombreuses situations irréalistes qui ne font que nous mettre mal à l'aise. Chaque fois que vous remarquez une certaine négativité chez votre partenaire, recherchez également une qualité positive. Mais rappelez-vous toujours que l'optimisme est un joyau. Détournez-vous vers quelque chose d'amusant et de productif.

Au moment où vous laissez la peur et la négativité vous effondrer, vous ruinez inconsciemment votre relation. Au lieu d'attendre le pire du pire de votre partenaire, essayez d'imaginer le meilleur. Même maintenant, vous pouvez vous révéler que le lien ne fonctionne peut-être pas, mais vous devez parler de vos problèmes avec votre partenaire. La négativité est très nuisible à une relation. Découvrez comment agir naturellement, consciemment et positivement avec vous-même, et finalement, vous commencerez à vous sentir de plus en plus associé à votre partenaire.

La jalousie ; être consumé par ses émotions

Personne n'apprécie la jalousie. Bien que la jalousie soit un sentiment inévitable que presque tout le monde rencontre de temps en temps, la jalousie est très dévastatrice. La jalousie peut prendre le contrôle de votre vie à cause de la possibilité lointaine que vous ne puissiez pas la contrôler, et elle peut vous submerger. Cela peut être très dommageable et peut détruire une relation. Dès que vous laissez la jalousie vous submerger, vous ou votre partenaire, vous risquez de ruiner votre propre relation. En essayant de comprendre d'où viennent vos sentiments de jalousie, en trouvant comment les gérer et en découvrant des approches pour vous adapter à vos sentiments, vous permettez à votre relation de s'épanouir.

Alors, c'est quoi cette jalousie ?

Des études ont indiqué que la jalousie est associée à une faible estime de soi. Beaucoup d'individus ne savent pas à quel point le malheur fait partie de l'anxiété. Cela va de pair avec des réflexions négatives et auto-créées. Pour les personnes qui subissent les effets néfastes de la nervosité, le malheur peut avoir un impact vigoureux sur leur sentiment de jalousie ou d'incertitude.

Des considérations fondamentales et négatives soutiennent des pratiques et des émotions dangereuses, qui l'amènent à s'analyser, à se juger et à s'évaluer par rapport aux autres. Pour ceux qui souffrent de stress, cette évaluation se termine par un examen extraordinaire et une obsession. Ces pensées fondamentales et négatives, en général, alimentent l'envie et alimentent des discussions intérieures suspectes. La jalousie dans l'anxiété est souvent établie dans une expérience antérieure, peut-être une séparation, un partenaire qui a trompé une personne que vous aimiez autrefois.

Dans une relation, la jalousie ruine une relation d'amour et de soutien. Plus vous vous accrochez à des sentiments de ressentiment, plus vous avez de chances de trouver un problème entre vous. N'oubliez pas que la jalousie découle souvent de sentiments de faiblesse ou de déshonneur en vous-mêmes. Ces émotions négatives et jalouses se transforment en pensées anxieuses qui peuvent ressembler à ce qui suit ;

-- Il doit y avoir quelqu'un d'autre.

-- Il perd de l'intérêt.

--Mon partenaire est sans espoir.

-- Il a besoin de s'éloigner de moi.

--Qui va l'écouter ?

-- C'est si épuisant.

Les personnes qui subissent les effets néfastes de l'anxiété connaissent ces considérations dont notre cerveau fait l'expérience ; cependant, la jalousie commence à s'installer lorsque ces structures commencent à dépasser les bornes. Le principal problème est que ceux qui sont agités se retirent généralement pour tenter de se protéger de la menace ou de la douleur qu'ils pensent être en train de vivre. Quoi qu'il en soit, plus elle se retire, plus son partenaire sera éloigné et plus elle sera jalouse. En vous attaquant efficacement à votre nervosité et à vos émotions jalouses, vous faites de votre relation une nécessité et décidez d'aimer et d'approcher votre partenaire au lieu d'être volontaire et peu sûr de vous. En utilisant les outils ci-dessous et plus loin dans ce livre, vous aurez la possibilité de traiter votre désir plus probablement ;

1. **Je sais ce qui le déclenche.** Peut-être que c'est un partenaire fidèle ou un ex-petit ami? Peut-être que c'est un collègue qui l'aide au travail ?

2. **Identifier votre voix intérieure**. Essayez de reconnaître les facteurs qui vous rendent jaloux.

3. **Quelles sont les répercussions de vos pensées et**

d'où viennent-elles ? Vos considérations vous rendent-elles enclin à réaliser ou à être quelque chose que vous n'êtes pas ? Vous sentez-vous obligé de ressembler à quelqu'un d'autre ? Si vous deviez changer, est-ce que ce serait un changement positif ? Votre désir est-il établi depuis longtemps ?

Comment gérez-vous exactement le désir ? Commencer un traitement vous permettra de gérer vos émotions d'une manière positive qui vous apprendra les compétences auxquelles vous vous adaptez. En utilisant les approches ci-dessous, vous serez également mieux préparé à excuser votre désir et à le surmonter ;

--Pensez à la cause de votre désir - Vous pouvez penser aux sentiments, aux personnes et aux sensations qui vous font ressentir le désir et inonder votre cerveau de pensées envieuses. Est-ce que ce que vous ressentez est lié à une occasion passée ? Il peut s'agir d'une relation familiale ou d'une observation négative actuelle de votre jeunesse. Lorsque vous pourrez associer vos sentiments et votre surcompensation à des choses qui se sont produites dans votre passé, vous aurez une façon plus transparente de travailler avec la méthode la plus compétente pour surmonter ces sentiments dans le présent.

-- **Restez calme** - Rappelez-vous que le désir et la tension vont et viennent par vagues ; ils se rejoignent constamment et meurent au bout d'un certain temps. Vous pouvez reconnaître votre désir et reconnaître vos émotions sans y répondre, et il existe des dispositifs d'apprentissage qui vous aident à travailler à travers votre désir sans surcompenser. Le soulagement de la respiration et les longues marches ne sont que quelques-unes des procédures qui vous aideront à vous calmer. Rappelez-vous qu'il est plus facile de se calmer lorsque vous ne pouvez pas vous tenir debout ou vous mettre à l'écoute des paroles et des contemplations négatives qui proviennent de votre expert intérieur. Adopter des stratégies de calme peut être problématique ; cependant, c'est un outil fondamental pour vous aider à faire face à vos propres contemplations essentielles. En faisant cela, vous pouvez être impuissant et ouvert à ceux que vous aimez et dont vous vous souciez, renforçant ainsi votre relation.

--**Arrêtez d'avancer** - La voix intérieure qui vous fait craquer et vous pousse à vous en prendre à votre partenaire et à vos pairs cause des dommages à long terme à vos connexions. Si vous lui permettez d'en finir avec la folie et de s'enliser dans un regard de désir, cela pourrait même dévaster complètement votre relation. C'est un type d'automutilation parce que la bonne volonté vous fait attaquer ou rejeter quelqu'un que vous aimez sans que ce soit votre faute. Cela est particulièrement vrai pour les personnes en couple. Au moment où il fait ça, il fait la même chose qui le terrifie d'habitude. Cela peut finir par blesser et miner votre partenaire. Cela exacerbera leurs propres sentiments de doute et de peur d'être laissés pour compte. En fait, vous pouvez accidentellement les inciter à suivre votre comportement, ce qui les pousse à s'isoler de vous, à cacher leurs émotions ou leurs activités pour garder une distance stratégique avec vos doutes et vos désirs.

--**Trouver votre confiance** - Se concentrer sur **soi-même** et trouver son propre sentiment de sécurité est la meilleure chose à faire pour les sentiments d'envie qui déclenchent la nervosité. Il n'est peut-être pas encore facile de prendre toutes les mesures nécessaires pour rassurer l'expert en vous que vous irez bien, que cela signifie qu'être sans personne d'autre est essentiel. La reconnaissance du fait que vous n'avez pas à vous soucier d'un individu explicite pour l'apprécier de façon complète et joyeuse est ce qui vous permet. Les individus sont généralement défectueux et ont des limites, et il est important de comprendre qu'un individu ne peut pas vous donner tout ce dont vous avez besoin tout le temps. Au moment où vous pratiquerez l'empathie avec vous-même, vous pourrez faire face à la voix intérieure de base et à ses considérations négatives. Vous n'avez pas besoin de fermer les individus ou de vous couper du monde pour avoir la possibilité d'être compréhensif avec vous-même. Cela signifie qu'il saisit complètement sa vie, ses défauts et ses faiblesses, en se rendant compte qu'il est suffisamment capable de surmonter les défis et les déceptions. Rappelez-vous que la principale chose que vous pouvez contrôler dans la vie est la façon dont vous réagissez à vos conditions.

-- **Restez concentré** - Bien que certaines personnes n'aiment pas être agressives, c'est génial quand c'est fait avec précision. Être concentré ne signifie pas que vous décidez d'être le meilleur dans quelque chose. Cela implique que vous pouvez vous fixer un objectif raisonnable et déclarer que vous faites de votre mieux pour avoir la possibilité de l'atteindre. Lorsque vous avez un

Centré sur vous-même, vous comprenez tout ce qui vous

aidera à atteindre vos objectifs de façon positive.

Une fois que vous vous serez associé à votre identité interne, vous aurez la possibilité de trouver un moyen de vous rapprocher de vos objectifs. La considération est méritée, et non offerte, et pour mériter cette considération, vous devez être prévenant dans vos activités et conscient des ramifications de ces activités. De la même façon, si vous avez besoin de vous sentir aimé et reconnu par votre partenaire, vous devez être prêt à être attentif et à lui faire sentir qu'il est également apprécié dans sa relation. Lorsque vous êtes confiant dans votre besoin d'agir avec droiture et de poursuivre efficacement vos objectifs, vous pouvez gagner la lutte contre les troubles causés par le désir et commencer à redevenir vous-même - quelqu'un qui est isolé de tout autre individu et unique en son genre.

-- N'évitez pas d'en discuter - Tout le monde a un partenaire qui explose ou s'agite lorsque des questions spécifiques sont examinées, mais cela ne signifie pas qu'il ne doit pas être son partenaire. Cependant, ce ne sont pas les personnes à qui vous devriez parler lorsque vous vous sentez anxieux ou agité. Il est fort probable que ces personnes vous rendront de plus en plus anxieux ou désireux avant la fin de la discussion. Pour cette raison, vous devriez chercher des personnes qui non seulement vous aideront, mais qui vous aideront aussi à réfléchir de façon sensée aux circonstances.

Lorsque vous vous adressez à ces personnes, assurez-vous de reconnaître par vous-même que leurs pensées négatives sont déraisonnables et que leurs sentiments ne sont pas justes. Cela soulage les sentiments de désir car la charge sonore vous permet d'entendre vos reflets bruyants, ce qui vous aide à changer vos activités et votre façon de réagir. Si l'excitation s'avère excessive, vous devriez demander l'aide d'un spécialiste qui peut vous aider à comprendre comment vous vous sentez, comment faire face à ces sentiments, et travailler sur la fondation d'où proviennent vos sentiments d'envie.

La jalousie est une émotion inévitable qui vit en chacun de nous. Nous en faisons tous l'expérience de temps en temps. Il est effrayant de voir comment cette émotion influence une personne lorsqu'elle se laisse dominer par elle. La voix de la jalousie naît de commentaires suspects dans nos têtes, et avec le temps, elle est encore plus difficile à supporter. Notre jalousie peut être romantique ou compétitive. Notre voix intérieure nous conseille d'agir immédiatement et de prendre des mesures qui peuvent causer des dommages à long terme. Mais nous devons comprendre que nous n'avons pas toujours besoin de l'amour d'une personne pour nous sentir dépassés. Nous devons garder nos sentiments plus sains, ce qui nous permet de donner de l'espace à notre partenaire.

Connexion ; détermination du succès et de l'échec

Votre style de connexion peut influencer directement votre détermination à être complice de la progression ou de la fin de votre relation. Percevoir votre exemple de connexion peut vous permettre de comprendre quelles sont vos qualités et vos défauts lorsque vous voyez quelqu'un. Les modèles de connexion sont généralement élaborés au début de l'adolescence et continuent de servir de modèle de travail pour la création de connexions à l'âge adulte. Votre modèle de connexion a un impact sur la façon dont vous répondez à vos besoins et sur la façon dont vous vous rapprochez de leur satisfaction. Des relations sûres et constructives se produisent lorsqu'une personne est en sécurité et attentive.

Ces personnes sont généralement prêtes à établir des liens efficaces avec les autres et peuvent régler les problèmes de leurs complices sans problème ni jalousie. Une conception de connexion agitée provoque généralement une nervosité ou une séparation qui se produit dans la relation lorsque la personne qui en souffre se souvient de sa conception de jeunesse.

Les adultes qui sont connectés en toute sécurité se sentiront généralement progressivement épanouis dans leurs connexions. Les enfants qui ont une connexion sécurisée sentent qu'il existe une base protégée à partir de laquelle ils peuvent librement sortir et explorer le monde. Un adulte en sécurité a une association comparative avec son complice sentimental, ayant un sentiment de sécurité et de partenariat tout en se permettant à lui et à son amant de se déplacer sans réserve.

Les adultes de confiance offrent leur aide lorsque leurs complices sont concernés. De la même façon, ils se tournent vers leurs partenaires pour se réconforter lorsqu'ils souffrent. Leur relation, en général, sera directe, ouverte et équivalente, les deux individus se sentant autonomes, mais s'apprécient mutuellement.

Bien que les personnes agitées et connectées agissent de manière peu fiable, leur comportement aggrave généralement leur propre sentiment d'agitation. Dès qu'elles se sentent incertaines des émotions de leur amant et dangereuses dans leur relation, elles deviennent régulièrement tenaces, exigeantes ou possessives envers leur compagnon. De la même façon, elles peuvent interpréter les actions libres de leur bien-aimé comme une confirmation de leurs sentiments de peur alors qu'en fait, le comportement de leur amant n'a rien à voir avec leurs réflexions. Par exemple, si votre proche commence à se rapprocher de vos amis, vous pourriez vous dire : " Vous voyez ? En général, il ne m'aime pas. Il ou elle préfère investir de l'énergie avec ses partenaires. Cela implique qu'il me quittera. J'ai eu raison de ne pas lui faire confiance.

Les personnes qui ont un lien insaisissable et pompeux ont tendance à s'éloigner sincèrement de leurs partenaires. Elles peuvent chercher à se séparer et se sentir pseudos libres, en se chargeant elles-mêmes d'élever leur amant. Elles semblent être régulièrement concentrées sur elles-mêmes et peuvent être trop attentives à leurs luxes quotidiens.

Une personne dont les liens sont effroyablement insaisissables vit dans un état de conflit, où elle craint d'être trop proche ou trop éloignée des autres. Elle essaie de contenir ses sentiments, mais elle n'est pas prête à le faire. Non seulement il peut se tenir à l'écart de sa nervosité ou fuir ses émotions. Il est plutôt dominé par ses réactions et connaît régulièrement des tempêtes enthousiastes. Il est généralement agité ou erratique dans ses attitudes. Vous voyez vos connexions à partir du schéma que vous avez établi dans votre esprit et vous vous tournez vers les autres pour répondre à vos besoins, mais si vous vous tournez vers les autres, vous serez blessé. D'une certaine façon, la personne vers laquelle vous devez vous tourner pour votre sécurité est une personne similaire.

À l'âge adulte, ces personnes se retrouveront généralement dans des relations difficiles ou émotionnelles, avec de nombreux hauts et bas. Ils ont généralement peur d'être abandonnés, mais ils luttent aussi contre la proximité. Ils peuvent s'accrocher à leur amant lorsqu'ils se sentent tirés, et le contact est alors pris lorsqu'ils sont proches. Habituellement, la planification est considérée comme allant de soi entre eux et leurs complices. Un individu avec un lien terrible et insaisissable peut même se retrouver dans une relation difficile.

Vous pouvez remettre en question vos composants de protection en choisissant d'unir vos forces avec un style de connexion protégé et de travailler à vous créer dans cette relation. Le traitement peut également être utile pour changer les mauvais modèles de connexion. En étant conscient de votre style de connexion, vous et votre partenaire pouvez défier les instabilités et les craintes renforcées par vos schémas de travail profondément enracinés et développer de nouveaux styles de connexion pour poursuivre une relation excellente et appréciée.

L'insécurité comme signe de faiblesse

Il n'est pas inattendu de trouver de l'incertitude de temps en temps dans une relation amoureuse. Tôt ou tard, tous les membres de votre couple se demandent si vous êtes la bonne personne pour eux. Selon les perceptions, environ 40 % des gens se sont sentis peu fiables au sujet de leur relation tôt ou tard. Cependant, dans une relation, les personnes qui se sentent en sécurité ont moins de problèmes et sont plus heureuses que les personnes qui ne sont pas en sécurité. Cela est dû au fait que les personnes en sécurité sont mieux préparées à aider leurs proches dans leur relation.

Nous venons d'établir que les pensées négatives peuvent stimuler d'autres questions plus remarquables. L'une de ces questions est le manque de certitude et de sécurité passionnée. Croire que votre partenaire ne vous minera pas ne signifie pas que vous ne vous sentez pas en insécurité. Les signes suivants indiquent que vous n'êtes pas fiable et que vous devrez peut-être changer votre comportement avant qu'il ou elle ne commence à influencer votre relation ;

-- • **Vous ne faites pas facilement confiance** - Vous remettez en question chaque détail insignifiant, fouinez dans leurs médias sociaux, fouinez autour de votre partenaire et vous vous sentez compromis.

-- • **Vous avez besoin de sécurité pour vous sentir en sécurité** -

-- **Vous vous sentez facilement attaqué** - Vous vous sentez facilement attaqué - Vous vous sentez rapidement insulté, blessé ou coincé quelque part près de quelque chose que son partenaire lui demande de faire. En une fraction de seconde, se sent scruté et a besoin d'être seul.

-- **Vous ne vous accepter pas** - Vous avez du mal à accepter d'être vous-même, vous vous jugez régulièrement et vous vous en tenez à des exigences particulières.

-Vous commencez à faire des histoires et à traiter des sujets scandaleux, à utiliser des mots terribles et à faire des arguments énormes sur quelque chose qui n'est pas important une fois que vous avez pris du recul.

--**Vous luttez avec l'intimité** - Vous luttez avec le sentiment d'être proche de votre partenaire d'une manière authentique et explicite.

Alors, comment corrigeriez-vous votre comportement ?

Pratiquez la guérison et expliquez comment ou pourquoi vous vous sentez ainsi. Demandez si vous pouvez remettre en question vos contemplations et assumer le meilleur de votre partenaire.

Lorsque vous vous impliquez physiquement avec votre partenaire, demandez-vous si vous et votre partenaire vivez la proximité et l'intimité de la même façon. Cela permet d'établir un lien solide avec votre proche dans lequel vous lui donnez l'occasion de lui faire une confiance profonde.

Reconnaissez la première fois que vous avez ressenti ce sentiment de frénésie et indiquez-le comme une occasion de voir comment vous gérez un emploi dans votre situation actuelle. Qu'est-ce que j'étais censé entendre alors et que dois-je comprendre maintenant ? Si ce n'est que l'équivalent, essayez de prévenir de ce message lorsqu'il commence à se sentir à nouveau activé. A ce moment, demandez-vous : "Combien de mes considérations sont suspectes ?" "Qu'est-ce que mon partenaire a dit ?" "Pourrait-il y avoir une chance qu'il déguise cette situation et la transforme en quelque chose qu'elle n'est pas ?" Pensez à trois ou cinq batailles que vous avez eues et regardez-les objectivement.

L'attachement est cruel et malsain pour les relations. Une personne trop attachée crée un sentiment d'insécurité, mais de la même façon, l'attachement, s'il est traité avec soin, peut faire des merveilles. Pour les débutants en relations, lorsqu'ils communiquent librement et parlent délibérément avec le cœur, ils s'y habituent. Et au fil du temps, le sentiment de ne pas tout savoir nous met en insécurité.

Adoption de résolutions ; réduction des conflits

Les cas les plus connus de relation en situation difficile sont la façon dont le couple se différencie ou se bat et la façon dont ils règlent le problème entre eux. Leurs objectifs, qu'ils soient négatifs ou positifs, peuvent influencer le ton de la relation et la façon dont les conflits sont abordés par la suite. Les contradictions qui se transforment en petites disputes ou en affrontements constants et incessants finissent généralement par rendre plus incertaine la possibilité que la relation dure. Les couples qui suivent un traitement le font généralement pour aider leur relation à se rétablir. Le traitement met fin aux associations négatives entre les deux et acquiert une correspondance positive.

Il est fréquent que les personnes en couple aient besoin de souligner les aspects positifs de leur relation et de négliger les aspects négatifs. Les couples s'aiment et ont donc tendance à se pardonner et à ne plus jamais croire que le sort final de leur relation sera meilleur. Cependant, lorsque des exemples négatifs réapparaissent dans une relation, le dommage commence à être irréparable.

En se faisant soigner, les couples peuvent cesser de se faire du mal avant de commencer à détruire la relation. Les recherches montrent que les couples qui n'arrêtent pas de se battre ou qui ne réussissent pas à se battre cachent d'autres problèmes en eux-mêmes. Ces problèmes doivent être résolus ensemble pour que la relation se stabilise à nouveau. Cela est particulièrement évident dans les couples qui se disputent pour des choses qu'ils ne peuvent ou ne veulent pas réunir. Lorsque les couples voient que la bataille est impossible à gagner et cessent d'y être engagés efficacement, ils se familiarisent avec les compétences nécessaires pour interagir de façon viable. Cela améliore leur relation et permet aux deux partenaires de retrouver l'amour et la confiance l'un en l'autre.

En ce qui concerne la nervosité dans une relation, un des partenaires peut avoir un besoin urgent de soutien, d'absolution ou d'appui, tandis que l'autre peut se sentir en colère, contrarié ou inaccessible. Pour l'individu stressé, cela est rempli comme une affirmation de sa peur et de son sentiment de renvoi, peu importe les efforts qu'il déploie pour rejeter le comportement de son partenaire. Le problème de l'inconfort est que c'est souvent celui qui subit le stress qui fait que ses complices se sentent détestés et indignés par son comportement. Malheureusement, le stress signifie que la personne qui souffre finit souvent par coudre ce qu'elle coud avec son devient de plus en plus distant après un certain temps.

Le conflit est un signe visible que la relation entre deux personnes doit s'améliorer. Les batailles tendues mènent au chaos et à l'inconfort. Chaque fois qu'une personne a une forte envie de gagner chaque argument, c'est là qu'un conflit surgit. Mais il y a toujours une bonne façon de gagner dans chaque situation. Les relations survivent lorsque les deux personnes font un effort pour combattre le conflit au lieu de se blâmer mutuellement. Ne pas parler ou être en colère contre votre partenaire, c'est le moment où le silence commence à assombrir une relation. Cela crée du ressentiment et fait que l'autre personne se sent punie et confuse. Pour résoudre ce problème, deux personnes doivent être ouvertes à ce qu'elles veulent l'une de l'autre. Ils doivent toujours être prêts à écouter sans porter de jugement. Les mauvaises paroles constantes peuvent aussi déchirer le moral de votre partenaire. Par conséquent, choisissez bien vos mots. Se souvenir des anciennes erreurs n'a pas de sens. Vous ne pouvez pas vous occuper de votre relation que si vous vous occupez d'abord de vous-même.

Reconnexion émotionnelle avec votre partenaire

Dès le moment où votre relation commence, elle est énergisante et excitante. Pour certains, l'anxiété ne vient qu'une fois que la connexion a été faite. Cependant, pour les personnes qui subissent les effets néfastes de la nervosité, tôt ou tard, ils commenceront à affecter leur relation.

Au moment où le stress prend le dessus sur une relation, le partenaire se sent souvent négligé ou en colère et peut commencer à s'éloigner. En reprenant honnêtement contact avec votre partenaire, vous pouvez bâtir une relation plus solide. Avec une relation plus ancrée, la nervosité devrait commencer à s'atténuer, ce qui permettra à votre relation de se développer en un partenariat solide.

Alors, comment aborderiez-vous la reprise de contact avec votre partenaire sur un plan passionné ?

Au début, vous devez reconnaître que votre stress est probablement une des raisons pour lesquelles vous et votre partenaire vous sentez déconnectés l'un de l'autre. Comprendre votre comportement, qu'il soit délibéré ou non, dans la possibilité que vous puissiez discuter de votre préoccupation et montrer que vous avez trouvé un moyen de remédier à votre comportement.

Voici quelques conseils sur la méthode la plus efficace pour reconnecter la nervosité sans transpirer dans votre relation ;

Le partenariat avec votre de façon constante ; à mesure que votre relation se développe, vous et votre seront moins désireux de se connaître.

C'est bon et normal. Vers le début d'une relation, nous passons du temps ensemble parce que nous avons besoin de mieux nous connaître.

À ce stade, il sait probablement tout ce qu'il doit penser de son partenaire. Investir de l'énergie avec eux s'avère moins critique pour vous.

Il ne sait rien sur son partenaire.

Continuez à essayer de vous reconnecter. Il l'a peut-être fait il y a quelque temps, quand il était toujours partenaire. Quoi qu'il en soit, les individus ne sont pas statiques ; ils sont en évolution continue.

Votre partenaire est inattendu aujourd'hui par rapport à ce qu'il était hier, d'une manière simple.

Ils ont besoin d'un investissement important et constant pour rassembler une certaine énergie, en restant inactifs, mais en parlant et en ne voyant rien de significatif.

Le fait d'exister les uns avec les autres les maintient associés de telle manière qu'ils se sentent plus enthousiastes que terre à terre.

Le sentiment de connexion est crucial pour les relations. Intéressez-vous à la routine de votre partenaire, comme à ce qu'il fait tous les jours. Seules les plus petites choses, lorsqu'elles sont faites avec amour, affectent l'autre personne. Quand on connaît quelqu'un, on connaît aussi ses côtés sombres. Mais l'acceptation est nécessaire. Nous devons garder l'autre personne dans sa lumière positive. Les personnes qui entretiennent des relations saines établissent des liens pour résoudre leurs différends et réparer rapidement. Aucune relation n'est parfaite, et nous pouvons toujours être quelqu'un qui fait ressortir le meilleur des autres. Construire une bonne relation demande encore du temps et des efforts aux deux extrémités. Ce monde est plein de gens bien.

CHAPITRE 2 : L'ANXIÉTÉ PEUT-ELLE ÊTRE POSITIVE ?

L'anxiété semble avoir des significations négatives ; cependant, la recherche a montré que l'anxiété peut avoir des préférences et des avantages.

Une personne qui vit du stress connaît la peur, le stress et l'appréhension extrêmes qui accompagnent son anxiété. Parfois décrite comme un sentiment constant d'appréhension ou de peur, l'anxiété peut vous amener à vous sentir déviant et détaché de votre partenaire et du monde extérieur. Les réactions physiques peuvent influencer vos sentiments, ainsi qu'ajouter progressivement des émotions et des pensées négatives.

L'anxiété est un sentiment qui est régulièrement représenté par une peur, un stress et une inquiétude extrêmes. Beaucoup de patients anxieux le décrivent comme un sentiment d'appréhension et de peur qui peut être déviant au mieux et épuisant au pire. L'anxiété est régulièrement ressentie à de nombreux niveaux, influençant les sentiments, provoquant des sensations physiques désagréables et ajoutant des pensées négatives. Quoi qu'il en soit, la nervosité peut aussi avoir des résultats bénéfiques, et nous allons étudier cela ci-dessous.

Un certain degré de nervosité est une chose dont il faut être reconnaissant. Les recherches montrent que la haute pression peut stimuler et dynamiser une personne dans sa vie. L'anxiété peut être juste le signe d'avertissement. Vous devez attirer l'attention sur votre situation actuelle et apporter des améliorations vitales tout au long de votre vie. Le stress et l'anxiété constants peuvent être un signe que certains aspects de votre vie ne sont pas pertinents et doivent être changés. Par exemple, vous pouvez constater que votre relation ne fonctionne plus, que votre activité vous cause beaucoup de pression, ou que des problèmes d'argent vous font perdre votre repos et vous rendent nerveux. Leurs manifestations peuvent être difficiles à surveiller, cependant, enquêter et s'adapter à leur anxiété peut être une véritable porte d'entrée vers la croissance personnelle. La prochaine fois que l'anxiété frappe, pensez au message qu'elle envoie et aux ajustements que vous devrez peut-être faire dans votre vie. Au lieu d'être toujours perçue comme un obstacle, l'anxiété peut vous aider à vous sentir plus motivé et préparé à faire face aux défis. Des recherches ont démontré que les élèves et les athlètes qui étaient quelque peu nerveux ont obtenu de meilleurs résultats lors de tests ou en participant à des jeux agressifs. De même, un certain stress chez les personnes ayant une bonne mémoire de travail peut améliorer la performance lors de tests intellectuels.

Considérez les façons dont votre nervosité vous motive à réussir dans certains aspects de votre vie. Par exemple, votre anxiété peut vous aider à faire des efforts supplémentaires au travail ou dans des entreprises individuelles, à établir une connexion décente ou à progresser vers vos objectifs. En réfléchissant à votre propre nervosité, essayez de trouver des moyens de l'utiliser pour votre croissance et votre développement personnels. Bien que cela puisse sembler inutile de temps en temps, il y a une raison à ce malaise. Ces émotions et ces indices font partie de notre méthode naturelle de contrôle de la pression. Connue sous le nom de réaction de combat ou de fuite, la nervosité vise à nous protéger contre les menaces et à nous permettre de réagir rapidement aux crises. À l'époque où elle s'adressait à nos ancêtres, la réaction de la pression de la bataille ou de la fuite permettait aux gens d'attaquer ou de fuir un danger sur terre, par exemple, une créature terrible ou une condition atmosphérique. Dans le monde d'aujourd'hui, l'anxiété peut être un symptôme qui vous pousse à réagir rapidement pour garder une distance stratégique par rapport à un accident pendant que vous conduisez un véhicule ou pour vous empêcher d'entrer dans un endroit ou une situation dangereuse. Une étude a montré que les enfants qui étaient nerveux avaient moins d'accidents et de décès involontaires au début de l'âge adulte que les personnes qui n'étaient pas nerveuses.

En ce sens, l'anxiété peut être un signal pour vous aider à assurer votre sécurité. Une personne qui a géré son stress peut progressivement être plus compréhensive et mieux comprendre les problèmes auxquels les autres font face. Après avoir vécu des batailles individuelles, vous pouvez vous-même être progressivement sensible, aimant et acceptant lorsque vos proches font face à des difficultés personnelles. Il a été démontré que les personnes souffrant d'anxiété sont plus préoccupées par la façon dont elles interagissent avec les autres. Parfois, il a toutes les caractéristiques d'être ce partenaire dont quelqu'un a besoin. Les personnes nerveuses peuvent également être douées pour occuper des postes influents, car elles réfléchissent soigneusement à la plausibilité de nombreux résultats. Votre combat contre le stress peut influencer négativement votre profession, vos relations et vos désirs individuels.

L'anxiété comme élément de formation d'une personnalité forte

Les personnes qui sont nerveuses peuvent parfois sembler calmes, désintéressées ou silencieuses. Trop souvent, elles supposent un conflit interne ou attaquent leur environnement avant de prendre part à une discussion ou d'initier un partenariat significatif. C'est parce que vous essayez de vous observer pour éviter d'être blessé ou rejeté.

Les fêtes et les occasions peuvent vous causer beaucoup de

malaise, et le fait d'être entouré de personnes peut déclencher des incertitudes ou des crises d'anxiété. Pour ceux qui sont anxieux, sortir de leur coquille et montrer la force de leur personnalité peut être une bataille difficile. Un effort conscient devrait être fait pour se mettre en avant et se parler à travers les réflexions négatives. Grâce au traitement et à l'établissement des règles de ce livre, il est cependant possible de construire une forte personnalité même lorsqu'on souffre d'anxiété.

Avoir un caractère solide ne signifie pas que vous devez être bruyant, intimidant ou exagéré pour montrer votre personnalité. Il est également possible d'avoir un caractère solide et d'être calme. Voici quelques conseils et astuces pour vous aider à construire un caractère solide tout en éprouvant de la nervosité ;

Écoutez avant de parler

Trop souvent, l'anxiété nous amène à réagir de façon excessive ou à éviter de dire aux gens quelle est notre identité. Au moment où vous vous engagez dans une discussion avec la personne à laquelle vous vous attendez avant de parler, vous laissez votre esprit et votre temps de préoccupation traiter les données, la personne vous le fait savoir de façon raisonnable.

Une fois que vous avez entendu et compris ce que l'autre personne a dit, vous pouvez répondre. Cela vous permet d'interagir avec une personne à un niveau plus profond et progressivement plus significatif et vous aide à décider précisément si vous voulez continuer à établir un partenariat avec elle. Il est prouvé que les personnes souffrant d'anxiété ne parlent souvent pas à moins d'être traitées. Étant donné cette situation, les gens peuvent vous demander d'être distant ou trop pacifique, et pour cette raison, ils ne vous parleront pas en premier. Pour surmonter cette situation, vous devez avoir suffisamment de pouvoir sur votre agitation pour entamer une discussion et commencer à montrer au monde votre force de caractère. Au moment où vous parlerez le premier, l'autre personne s'approchera naturellement de vous, et cela vous donnera la possibilité de vous mettre en accord avec ce qu'elle dit. N'oubliez pas d'utiliser une conversation empathique pour montrer que vous êtes engagé et que la personne a votre attention pendant qu'elle parle.

Les actions parlent plus que les mots.

Avoir un caractère fort ne signifie pas toujours qu'il faut parler pour être entendu, et c'est, dans certains cas, une méthode plus simple pour transmettre la possibilité de ressentir les effets néfastes de la nervosité. Être dans une pièce ou une relation où les autres sont plus forts et plus visibles peut être accablant. Votre agitation peut vous faire sentir frustrée et inutile dans ce genre de situation ; cependant, vous n'avez pas à vous sentir ainsi.

Il existe plusieurs cours en ligne et en personne qui montrent à un individu comment être confiant sans jamais ouvrir la bouche pour parler. Découvrir comment être satisfait dans la communication non verbale, une poignée de main confiante et une position du corps ouverte peut être très utile quand il s'agit de représenter un caractère fort et un désir de parler aux autres. Dès le début, il sera difficile de garder vos distances et de laisser votre nervosité prendre le dessus ; cependant, plus vous pratiquerez la confiance, plus il sera facile de vous présenter comme étant fort et confiant.

Acceptez les louanges, si nécessaire.

De plus, vous donnez toujours crédit là où le crédit est dû. Lorsque vous ressentez les effets néfastes de la nervosité, vous recevrez généralement des éloges et de la reconnaissance avec modération, de peur que les éloges ne soient un affront caché. Pour que je puisse décevoir la personne qui se loue elle-même. Dès que quelqu'un vous loue, vous mettez de côté l'effort d'écouter ce qu'il dit et le reconnaissez honnêtement. À moins que vous ne sachiez que la personne est sarcastique, sa louange est enracinée dans la vérité. Assurez-vous de lui exprimer continuellement votre gratitude, et voici la partie la plus difficile, assurez-vous d'offrir du crédit à tous ceux qui vous ont aidé à grandir. Par exemple, vous pouvez être félicité pour une aventure au travail. Leur réaction en serait une de gratitude ; je ne pense pas que l'endroit aurait connu un tel succès sans l'aide de mon partenaire.

Cela indique aux gens que vous êtes impliqué, mais surtout que vous êtes suffisamment sûr de vous et digne de confiance dans votre personnalité pour pouvoir accepter les éloges et reconnaître que vous ne l'avez pas fait de votre propre chef. Les personnes qui ont un caractère solide et qui sont proches sont spécifiques, et bien que l'anxiété puisse vous priver de cela, le fait de savoir comment reconnaître de nouveau l'acclamation vous aidera à reconstruire votre certitude - en disant aux personnes exactement à quel point vous êtes solide.

Les deux points suivants sont les plus difficiles à poursuivre pour ceux qui souffrent de stress, mais ils sont essentiels pour un caractère fort. Évitez de chercher le soutien des autres. Comme vous l'avez lu dans ce livre, l'anxiété est basée sur des pensées négatives qui tourbillonnent de façon incontrôlable dans votre esprit, provoquant une réponse psychologique et physique. Ces pensées négatives et ces sentiments agités vous amènent à rechercher le soutien des autres comme approche pour approuver vos sentiments. Dès que vous aurez sorti de votre tête et brisé le cycle des considérations négatives, vous pourrez commencer à vous approuver. L'attention et l'estime de soi commencent à se former, encourageant son caractère à devenir solidaire et certain.

Les personnes qui subissent les effets néfastes du stress sont en effet dans une position favorable pour développer la qualité et la force de caractère. Comme elles mènent déjà une bataille constante contre la négativité, leur capacité à voir venir un problème et à modifier leur comportement peut être utilisée à leur avantage. Mais, et c'est quelque chose de très important à comprendre. En tout cas, et c'est quelque chose de colossal à comprendre. On ne peut pas s'engager dans le pessimisme. Il faut plutôt écouter leurs pensées et trouver des solutions actives et positives pour l'avenir. Cela vous permet de prendre la responsabilité de votre stress d'une manière constructive qui lui donne un caractère solide.

Comment reconnaissez-vous l'anxiété comme un problème ?

Comme mentionné ci-dessus, la nervosité est quelque chose de typique qui se produit occasionnellement. Le sentiment général d'appréhension ou de malaise, pour la plupart, frappe les individus à quelques reprises au cours de leur vie. Le moment où la tension commence à devenir un problème ; cependant, elle peut influencer vos connexions, votre activité et votre satisfaction. La réaction de pression au combat ou de fuite est utile pour la menace la plus flagrante.

Vous vous demandez peut-être, quand l'anxiété est-elle

raisonnable et bénéfique ? Il y a un grand nombre de rencontres dans la vie qui peuvent causer une anxiété ordinaire chez les individus. Au moment où la vie présente un scoop de toute sorte, que ce soit une date, une journée d'école primaire, une nouvelle position ou une excursion, la tension et les nerfs sont activés. Ces occasions extraordinaires peuvent vous sembler insignifiantes, cependant, tout ajustement à ce que votre cerveau semble être ordinaire ou routinier déclenchera de la nervosité. Cependant, cela est normal et peut être bénéfique. C'est la façon dont votre esprit prépare votre corps au danger potentiel et vous rappelle de vous méfier de la nouveauté. La nervosité normale est ressentie et peut être surveillée sans excès d'idées raisonnables.

Alors, quand l'anxiété devient-elle un problème ? L'anxiété normale est intermittente et est basée sur certains événements ou situations que la personne vit. Le problème d'anxiété est chronique, souvent irrationnel, et interfère avec les fonctions normales de la vie d'une personne. Si votre anxiété interfère avec votre vie, si vous évitez les circonstances, si vous vous retrouvez à stresser sans cesse, à avoir de la difficulté à vous concentrer ou à avoir de la mémoire et du jugement à ce moment-là, votre stress est très probablement un problème. Pour certains, les symptômes sont si intenses et consommés qu'ils commencent à causer des problèmes dans leur vie familiale, professionnelle et relationnelle.

Les effets de la nervosité de la question peuvent incorporer des palpitations cardiaques, des problèmes d'estomac et d'autres réactions physiques réelles. Ces indices physiques vous font réfléchir de façon rationnelle au stress extrême et aux changements sociaux qui modifient la façon dont vous collaborez avec les autres dans votre vie. Si la nervosité du problème n'est pas maîtrisée et traitée, elle peut entraîner des problèmes de stress, des ruptures de connexion et de la mélancolie. Lorsque la nervosité devient un problème de stress, il est essentiel de consulter un spécialiste pour travailler dans la vie de tous les jours. Les pannes nerveuses peuvent devenir paralysantes si elles ne sont pas contrôlées. Les signes les plus évidents de l'angoisse du problème sont ;

-- Vous vous sentez souvent perdus

-- Vous avez peu de confiance.

-- Sentiment d'appréhension dans de nombreuses circonstances sociales

-- Vous travaillez beaucoup

-- Vous êtes sensible

-- Vous avez des relations malheureuses.

--Visitez le spécialiste plus souvent.

-- Suivi du cadre thérapeutique (avec visites chez votre médecin traitant ou dans les salles de crise)

-- Vous perdez des médicaments

-- Vous avez d'autres problèmes médicaux

-- Vous êtes de plus en plus découragés

-- Sentiment d'être régulièrement dérangé

-- Sentiment d'être régulièrement submergé

-- Sentiment de déconnexion ou de retrait du monde et de la vie réelle

-- Vous êtes sur le point de perdre le contrôle.

-- Vous pouvez passer d'une relation à l'autre à la recherche d'une relation sans faille

-- Peut passer d'un emploi à un autre en raison de niveaux de pression plus élevés

-- Vivre un style de vie confiné (dans leurs " zones de sécurité " volontaires)

-- Remettez en question votre confiance

-- Comptage obsessif et autres méthodes d'interruption

Si vous ressentez l'un de ces effets secondaires ou si votre nervosité générale persiste depuis plus de six mois, il est essentiel que vous demandiez l'aide d'un expert médical et d'un thérapeute.

Chapitre 3 : Solutions pour l'anxiété relationnelle

Le stress peut être un défi, mais il y a des solutions, et ces solutions peuvent être résolues conjointement. Bien qu'une certaine anxiété dans une relation soit courante, le fait qu'elle domine votre relation peut la rendre nuisible, en blessant régulièrement la personne que vous aimez le plus. Pour certaines personnes qui souffrent d'anxiété, passer d'une relation à l'autre ne fait que soulager leur anxiété pendant une courte période, lorsque l'insécurité revient. Elles se demandent régulièrement pourquoi leurs relations ne sont pas bonnes, sans jamais comprendre que c'est leur anxiété qui les fait fuir.

Des études ont indiqué que les personnes ayant un faible niveau de confiance ont des niveaux d'insécurité beaucoup plus élevés, surtout dans leur relation. Cela les empêche de faire une association profonde et significative avec leurs complices. Les personnes qui ont peu confiance en elles n'ont pas seulement besoin que leur partenaire les considère comme supérieures à la façon dont elles se perçoivent elles-mêmes. Cependant, dans les moments de doute, ils éprouvent de toute façon des difficultés à percevoir les confirmations de leur partenaire. Le fait d'extérioriser vos insécurités aliène encore plus votre partenaire, créant une prophétie qui se réalise d'elle-même, et comme cette lutte est interne et s'éternise la plupart du temps, l'anxiété est aggravée. Il est essentiel de gérer vos faiblesses sans y impliquer votre partenaire. Vous pouvez y arriver en faisant deux pas :

⟨ Découvrir les vraies racines de votre insécurité.

⟨ Remettez en question vos critiques internes qui sabotent notre relation.

Vous devez établir d'où provient votre incertitude, peu importe ce qui se passe. Rien ne cause de dommages inaccessibles comme une relation accueillante et l'ouverture à quelqu'un. Nos connexions génèrent plus que tout autre chose de vieux sentiments de notre passé. Nos cerveaux sont inondés des mêmes produits neurochimiques dans les deux situations. Chacun a un modèle de travail pour les relations qui se sont formées dans nos premières relations avec des soignants influents. Notre premier exemple peut façonner nos relations avec les adultes. Leur style de connexion a un impact sur le type de partenaires que nous choisissons et sur les éléments qui se produisent dans nos relations. Une conception de connexion sécurisée encourage un individu à être progressivement sûr et distant. Dès qu'une personne a un style de connexion nerveux ou absorbé, elle peut se sentir tremblante envers son partenaire.

Il y a un mystère à surveiller et à vaincre les obstacles qui les amènent à ressentir les effets négatifs de leur agitation. Le secret est de reconnaître que les obstacles qui vous effraient et qui rendent vos pensées négatives sont le moyen de mener une vie sûre et sécuritaire. Lorsque vous capturez ces obstacles et que vous choisissez de les surmonter, vous avez la possibilité de commencer à porter une attention plus profonde à l'origine et au moment où vos faiblesses prennent naissance. Dès que vous commencerez à utiliser votre anxiété comme un rappel conscient que vos insécurités et votre méfiance vous font perdre la tête, vous serez mieux à même de gérer les conséquences de façon positive.

Lorsque vous commencerez à vous concentrer, et que vous ne serez plus déterminé par votre agitation et vos incertitudes, vous aurez la possibilité de prendre des mesures incroyables pour renforcer votre relation. Ces étapes sont ;

Pardonnez votre passé

Puisque la plus grande partie de vos insécurités a été formée par un membre de votre famille ou une personne importante dans votre vie, reconnaissez ceci et essayez d'identifier qui ils sont. À ce stade, commencez à leur trouver des excuses progressivement. Défendez et comprenez qu'ils étaient poussés par leurs faiblesses, qu'ils luttaient, et qu'ils combattaient probablement leurs propres mauvais esprits. Leur pardonner leur mauvaise conduite sera une guérison pour vous, car s'accrocher au ressentiment ne vous aide pas. Lorsque vous oubliez le passé, vous pouvez commencer à faire amende honorable, lentement et prudemment.

Reconnaissez-vous

Faites une pause d'une minute pour vous reposer et faire une auto-évaluation de votre vie et de la façon dont vous la vivez. Remarquez les parties de vous-même, à la fois votre corps et votre identité intérieure, dont vous ne vous souciez pas ou que vous pourriez vouloir changer. En fait, enquêtez sur ces morceaux de vous, et essayez d'imaginer l'amour pour vous-même. Considérez-vous comme un individu complet composé de grandes pièces défectueuses. Reconnaissez que vous méritez l'amour comme partenaire, puisque tout le monde, sans grand respect pour vos fautes, a le droit d'être vénéré. Au cas où vous vous battiez, essayez d'imaginer pourquoi vous aimez vos partenaires, en vous rendant compte qu'ils sont défectueux. De la même façon, vous aimez vos pairs ; vous devez vous montrer aimant.

Commencer à pratiquer l'autoapprobation

L'insécurité conduit une personne à rechercher le soutien des autres. Si vous avez besoin de considération de la part de quelqu'un d'autre, essayez de vous arrêter une minute et de remplacer cette exigence de soutien par une autoapprobation. Lorsque vous enlevez l'intensité de l'approbation des autres et que vous commencez à donner votre appui, vous transférez le pouvoir de la certitude à vous-même. Avoir le consentement de quelqu'un d'autre est décent ; cependant, avoir son propre soutien est novateur. Essayez de ne pas vous méprendre. Cela ne signifie pas que vous dites au revoir ou que vous n'avez pas besoin de vous associer avec d'autres personnes ou avec l'amour de votre partenaire. Vous pouvez cependant être vénéré par votre tout en répétant l'auto-approbation.

Arrêtez de vous comparer aux autres

Se comparer aux autres n'est jamais une bonne idée. Ce comportement vous blesse, alors au lieu de souhaiter ou de vous opposer à quelqu'un d'autre, changez votre point de vue. Comprenez que vous êtes unique et vous comparer à une autre personne, c'est comme essayer de comparer une pomme à une orange. Essayez d'être heureux pour cette personne et heureux dans sa prospérité, en comprenant qu'elle est sur une voie alternative à la vôtre et qu'elle a aussi ses propres problèmes. Lorsque vous désirez le bien de tous, vous enlevez le pouvoir de votre anxiété sur vous-même et vous pouvez être heureux pour vous-même et pour les autres.

Découvrez comment être confiant dans le moment présent

En utilisant les dispositifs de ce livre et en les répétant, lorsque la nervosité monte la tête et de manière cohérente, vous vous ferez confiance. Le moment où vous pouvez créer la confiance que vous pouvez être soutenu, vous pouvez apprécier la minute sans que la nervosité ne domine. Découvrir comment on peut faire confiance à ce moment est un effort de création. N'oubliez pas que la découverte de la façon de croire en soi est indissociable de la découverte de la façon de faire confiance à une autre personne.

En faisant place à la réparation et au plaisir, vous découvrirez constamment des choses qui vous rendront nerveux, mais plus vous serez conscient et plus vous pratiquerez les méthodes de ce livre, plus il vous sera facile de sortir de la tension totale. En peu de temps, vous finirez par être plus tolérant envers vous-même et envers l'amour de votre partenaire. Ensemble, vous aurez la possibilité de construire votre relation dans un lieu de confiance que vous pourrez apprécier tous les deux sans crainte ni haine.

Après avoir examiné attentivement les parties ci-dessus sur

le type de connexion, vous devriez réaliser votre style de connexion. Cela est utile car cela peut vous aider à trouver des moyens de reproduire une dynamique d'il y a longtemps.

Il peut vous aider à choisir de meilleurs partenaires et à structurer des connexions plus avantageuses, ce qui peut modifier votre style de connexion. Il peut vous faire prendre conscience de plus en plus de la façon dont vos sentiments de fragilité peuvent être perdus à cause de quelque chose de vieux plutôt que de notre relation actuelle. En changeant votre type de connexion, vous pouvez combattre le stress avec un comportement réel et un partenaire prudent et stable à vos côtés.

Vos faiblesses peuvent également provenir de la voix intérieure essentielle que vous avez déguisée en fonction d'une programmation négative datant d'il y a un certain temps. Cet expert interne sera, en général, exceptionnellement loquace sur les choses qui comptent vraiment pour lui, à l'instar de ses relations. Les connexions remettent en question les émotions fondamentales que vous avez à propos de vous-même et vous font sortir de votre sphère habituelle de familiarité. Ils augmentent le volume de leur voix intérieure et rouvrent les blessures non résolues de notre passé. Si vous êtes déjà négatif ou si vous avez tendance à faire votre autocritique, les relations vont amplifier votre anxiété, forçant souvent la négativité à faire surface.

Voici un résumé de la façon de gérer le stress dans votre relation à travers chaque situation et de vous aider à vous rétablir et à aller de l'avant.

-- • **Pensez à ce qui cause votre jalousie** - Vous pouvez penser aux sentiments, aux individus et aux sensations qui vous font ressentir le désir et inondent votre cerveau de pensées envieuses. Est-ce que ce que vous ressentez est lié à une occasion passée ? C'est peut-être une relation familiale ou une perception négative existante de votre enfance. Lorsque vous pourrez associer vos sentiments et vos éruptions cutanées à des choses qui se sont produites dans votre passé, vous aurez une façon plus précise de travailler sur ces sentiments dans le présent.

-- Peu importe à quel point vous êtes jaloux, il y a continuellement une approche pour découvrir votre chemin de retour à votre vrai moi et pour apaiser votre point de vue. Cela devrait être possible en tolérant qu'il soit humain et en traitant ses sentiments avec miséricorde. Rappelez-vous que le désir et la tension se déplacent par vagues de toutes les façons possibles ; ils s'accumulent pas à pas et s'éteignent au bout d'un certain temps.

Vous pouvez reconnaître votre envie et reconnaître vos sentiments sans y répondre. Apprenez à utiliser des appareils qui vous aident à surmonter votre jalousie sans surcompenser. La respiration soulagée et les longues marches ne sont qu'une partie des stratégies qui vous aideront à vous calmer. Rappelez-vous qu'il est plus facile de se calmer lorsque vous ne pouvez pas vous tenir debout ou être à l'écoute des mots et des pensées négatives qui proviennent de votre critique interne. Apprendre les procédures pour se calmer peut être problématique, mais c'est un outil théorique pour vous aider à faire face à vos réflexions essentielles.

--Cessez de mal vous comporter - La voix intérieure qui vous fait craquer et vous fait vous en prendre à votre partenaire et à vos pairs cause des dommages à long terme à vos relations. Si vous laissez la situation dégénérer et que vous êtes jaloux, cela peut même ruiner votre relation. C'est une forme d'auto-sabotage, car la jalousie vous pousse à attaquer ou à punir quelqu'un que vous aimez sans que ce soit votre faute. C'est particulièrement vrai pour les personnes en couple. Quand ils font ça, ils font la même chose dont ils ont peur d'habitude. Ils peuvent finir par nuire leur partenair.

--Trouvez la sécurité en vous-même - Se concentrer sur vous-même et trouver votre propre sentiment de sécurité est la meilleure chose que vous puissiez faire pour les sentiments de jalousie qui déclenchent la nervosité.

Les individus sont souvent imparfaits et il est important de comprendre qu'un individu ne peut pas vous donner tout ce dont vous avez besoin tout le temps. Au moment où vous pratiquerez la sympathie avec vous-même, vous pourrez faire face à la voix intérieure essentielle et à vos pensées négatives. Vous n'avez pas besoin de fermer les portes aux individus ou de vous déconnecter du monde pour avoir la possibilité de vous soutenir. Rappelez-vous que la chose principale que vous pouvez contrôler dans la vie est la façon dont vous réagissez à vos problèmes.

-- • **Rester compétitif** - être agressif ne signifie pas décider d'être le meilleur dans quelque chose. Cela implique que vous pouvez vous fixer un objectif raisonnable et affirmer que vous faites de votre mieux pour avoir la possibilité de l'atteindre. Au moment où vous vous concentrez sur vous-même, vous saisissez tout ce qui vous aidera à atteindre vos objectifs de façon positive. Au lieu d'être jaloux, nocif et fougueux, vous pouvez vous déplacer et interagir avec les meilleures caractéristiques en vous. Une fois que vous vous serez associé à votre identité interne, vous pourrez trouver un moyen de la rapprocher de vos objectifs.

La considération se mérite, elle n'est pas offerte naturellement, et pour mériter cette considération, vous devez être courtois dans vos activités et être conscient des ramifications de ces activités.

De plus, si vous avez besoin de vous sentir aimé et reconnu de façon fiable par votre partenaire, vous devez l'apprécier et lui faire sentir qu'il est également apprécié dans votre relation. Lorsque vous êtes prévisible dans votre besoin d'agir honnêtement et de poursuivre efficacement vos objectifs, vous pouvez gagner la lutte contre le stress causé par l'envie et recommencer à être vous-même. Quelqu'un d'indépendant de toute autre personne et de roman.

-- • Lorsque le désir commence à prendre le dessus, il devient important que vous trouviez la bonne personne pour discuter de vos sentiments d'une manière qui soit assez forte pour que vous puissiez exprimer précisément ce que vous ressentez. Ces personnes sont celles qui renforcent vos attributs positifs et vous aident à ne pas perdre le sens de l'orientation de vos pensées négatives ou à ne pas tomber dans une spirale de désir. Tout le monde a des pairs qui explosent ou s'agitent lorsque certaines questions sont discutées, et nous ne disons pas qu'ils ne devraient pas être vos pairs.

Cependant, ce ne sont pas les personnes à qui vous devriez parler lorsque vous vous sentez envieux ou à la limite. Il est fort probable que ces personnes vous feront sentir de plus en plus pour ou contre elles avant la fin de la discussion. Par conséquent, vous devriez chercher des personnes qui non seulement vous aideront, mais qui vous aideront aussi à réfléchir de façon sensée aux circonstances. Lorsque vous vous adressez à ces personnes, assurez-vous de reconnaître que leurs pensées négatives n'ont aucun sens et que leurs sentiments ne sont pas corrects. Cela soulage les sentiments de désir car la charge sonore vous permet d'entendre vos réflexions bruyantes, ce qui vous aide à changer vos activités et votre façon de réagir. Si l'excitation s'avère trop grande pour vous, vous devriez vous renseigner sur l'aide d'un spécialiste qui peut vous aider à comprendre comment vous vous sentez, comment gérer ces émotions et travailler sur les fondements de l'origine de vos sentiments d'envie.

Reconnectez-vous avec votre partenaire ;

Communiquez constamment avec votre amant et, à mesure que votre relation se développe, vous et votre partenaire serez de plus en plus peu enclins à faire connaissance.

Reconnectez la proximité physique ; les associations intimes et passionnées sont solidement liées, et le fait de se débarrasser de l'une peut nuire à l'autre. Ils ne devraient pas avoir de temps supplémentaire pour le faire, cependant, s'assurer que les deux ont le type de connexion personnelle dont ils ont besoin est une méthode pour étendre les liens de la passion.

Devenez une personne forte.

Écoutez avant de parler.

Essayez une communication positive, ouverte et non verbale.

Travailler avec un thérapeute pour surmonter votre malaise et trouver les bonnes réponses pour faciliter vos manifestations et votre recentrage vous aidera à améliorer votre relation. Une partie des choses que vous pouvez faire à la maison pour aider à combattre votre malaise est ;

-- • **Exercice** - Il est impératif de voir comment l'activité a un impact sur le corps et l'esprit. L'utilisation quotidienne est essentielle dans la vie d'un individu. Dès que vous pratiquez régulièrement, votre compte libère des endorphines dans votre système circulatoire, ce qui améliore votre mentalité. De plus, sa psyché est occupée par ses pensées agitées. La pratique a été déductive pour aider leur humeur générale et pour diminuer les signes de nervosité et de tristesse. Plus l'exercice physique augmente, plus votre anxiété augmente. Certaines des activités qui devraient vous intéresser et qui sont explicitement liées à la réduction du stress sont le yoga et le judo.

En structurant la pratique quotidienne avec l'activité, votre corps commencera à libérer de la sérotonine et des endorphines avant, pendant et après l'exercice. Ces concoctions synthétiques fournies dans l'esprit semblent diminuer fondamentalement la mélancolie et l'inconfort. L'entraînement soutient la confiance, améliore la confiance, vous permet de commencer à vous sentir engagé et confiant, et vous aide à développer de nouveaux et solides liens sociaux et partenariats.

--**Manger sainement** - l'esprit a besoin d'une énorme mesure de vitalité et de nourriture pour fonctionner efficacement. Une alimentation saine peut entraîner d'énormes changements dans votre santé physique. Un régime alimentaire terrible signifie que vous ne fournissez pas les suppléments nécessaires pour que les synapses de votre esprit fonctionnent efficacement. À la lumière de ceci, il pourrait aggraver votre nervosité. En adoptant un régime alimentaire sain et en remplissant votre assiette de nouveaux aliments entiers, en buvant la quantité d'eau parfaite et en vous assurant d'obtenir les bons nutriments, minéraux et gras trans chaque jour, vous donnez à votre cerveau la bonne nourriture pour ses capacités et vous combattez l'anxiété.

Une solide routine d'alimentation implique également de s'occuper de votre intestin et du tractus gastrique qui s'y rattache. N'oubliez pas qu'une bonne routine alimentaire consiste à éliminer les boissons améliorées comme les thés glacés, les boissons gazeuses et les jus des produits naturels préparés. Des études ont démontré que les personnes qui boivent plus que la quantité maximale de soda chaque jour sont plus de 30 % plus susceptibles de ressentir les effets néfastes de la nervosité et de la mélancolie que les personnes qui ne le font pas. Les boissons non sucrées comme le simple espresso, les thés maison et l'eau avec des produits biologiques sont une alternative beaucoup plus bénéfique pour garder le corps et le cerveau hydratés. La caféine soutient également les effets secondaires du stress et devrait être limitée pour combattre les symptômes de la caféine.

Limitez votre consommation d'alcool - L'alcool est un dépresseur du système sensoriel focal et est une raison connue de stress car nous savons tous qu'il est très nocif pour notre santé. Quelques personnes tentent d'amortir l'impact de leur nervosité en buvant de l'alcool ; cependant, en réalité, l'alcool est régulièrement à la base de leur stress. L'alcool interfère avec le repos, assèche le corps et occupe l'individu à gérer les affaires courantes au lieu d'aller à son encontre et de reconnaître la racine et la raison de son anxiété.

-- • **Repos** - Le repos légitime et éternel permet au

cerveau d'ajuster les niveaux d'hormones et permet à l'individu de s'adapter plus facilement à son anxiété. Les propensions malheureuses à la somnolence et au manque de sommeil n'ont pas besoin d'être modifiées par des composés synthétiques. Les affreuses propensions au repos peuvent être rectifiées en utilisant des techniques standard, notamment la mélatonine, les thés, le brassage maison, l'exercice et la contemplation. Au moment où vous vous assurez d'avoir un repos de qualité, votre esprit commencera à traiter vos niveaux d'hormones.

-- • **Commencez à parler de vos sentiments.** Ce livre traite de la façon de gérer vos contemplations négatives et vos humeurs générales. Être agité fait des merveilles pour les hormones du corps et donne au cerveau le pouvoir de créer plus de concoctions synthétiques pour essayer de se sentir optimiste. En fin de compte, le cerveau est épuisé et ne peut pas délivrer les hormones qui sont censées combattre la maladie et le stress. En préparant votre psyché à envisager de penser avec emphase et attention, vous pouvez changer votre reconnaissance de ce qui se passe et commencer à prendre la responsabilité de vos considérations négatives.

En combattant et en faisant taire vos propres contemplations négatives, vous pouvez travailler sur votre nervosité, en vous assurant que vous êtes mieux préparé à vous rétablir dans votre relation. Assurez-vous d'essayer tous les types de confirmation positive, y compris les excuses, l'appréciation de votre vie et la considération des autres. Au moment où vous devenez plus positif, l'inconfort commence à s'estomper et vous êtes mieux en mesure de parler à votre partenaire sans comportement négatif. Il se rappelle continuellement qu'il est responsable de sa propre vie. S'il y a des circonstances qui font exploser votre stress, vous pouvez les transformer.

--**Réduisez votre pression** - Le stress crée une nervosité plus élevée que jamais et déclenche la réaction de combat ou de fuite du corps. En apprenant des techniques pour gérer la pression et le contrôle, en se concentrant sur les facteurs qui permettent à votre corps de faire face à vos réactions normales à ce que vous considérez comme un risque. En apprenant des techniques, vous seriez capable de gérer l'immense pression. Distinguer ce qui vous préoccupe vous permet d'éliminer la pression ou de créer des méthodologies pour vous aider à gérer votre pression. Essayer les systèmes de déroulement, remettre à plus tard l'effort pour revivre et apprécier la vie sont de bonnes approches pour détendre l'esprit et permettre à la nervosité de s'apaiser. Faites preuve de souplesse pour vous stresser et réalisez que, de temps en temps, vous avez des surtensions.

--**Demander de l'aide** - Un soutien décent pendant la période de stress est essentiel à la récupération. L'inconfort peut amener une personne à devoir se séparer ; cependant, une structure de soutien décente signifie que vous aurez toujours quelqu'un avec qui vous pourrez communiquer lorsque la tension se dissipera. Assurez-vous de maintenir un contact de qualité avec vos proches qui vous permet de vous sentir bien dans votre peau. Faites tout ce qu'il faut pour rester en dehors du pessimisme des autres. Essayez de vous porter volontaire pour améliorer votre perspective sur votre vie et associez-vous avec d'autres personnes qui ont des problèmes de bien-être émotionnel. Si par hasard vous n'en êtes pas encore au point où vous avez besoin de voir un conseiller, essayez de vous joindre à un groupe de soutien.

-- • **Trouvez votre motivation** - Les personnes qui ont un fort sentiment de motivation peuvent faire face à une plus grande pression et à une plus grande nervosité que les personnes qui n'en ont pas. Trouver votre motivation vous donne une limite aux obstacles que votre expert interne vous signale. Ceux qui ont un sens élevé de l'orientation découvriront généralement la vie d'une manière plus satisfaisante et pourront voir les qualités positives dans chaque circonstance plutôt que d'être stressés par les choses terribles qui peuvent arriver. Votre motivation ne doit pas nécessairement être une vocation ou une activité de loisir ; trouver votre monde, investir de l'énergie à considérer les qualités que vous avez, faire du bénévolat dans des organisations de couverture ou à but non lucratif, reconnaître et utiliser vos dons uniques pour aider les autres, et reconnaître que la vie est faite de mouvements rythmiques sont le plus souvent des méthodes pour trouver votre motivation. En découvrant votre motivation, il peut être fort et droit avec lui-même, ce qui lui permettra d'être direct avec son amant aussi.

L'utilisation de certains ou de tous les systèmes ci-dessus est le moyen de surmonter la nervosité dans votre relation. Faire face à votre stress ne consiste pas seulement à chercher un traitement. Il s'agit de trouver des réponses à vos niveaux d'inconfort d'une manière qui fonctionne pour vous et peut-être pour votre partenaire. En comprenant que votre amant n'est pas votre conseiller et en assumant la responsabilité de votre stress, vous serez mieux préparé à aborder les questions fondamentales qui vous ont rendu nerveux de toute façon.

Dès que vous comprenez ces thèmes centraux, vous recommencez à prendre la responsabilité de votre vie en travaillant sur vos réflexions fondamentales et déraisonnables et en les supplantant par une contemplation et une activité positives. Bien que le stress ne puisse jamais être soulagé, il est incontestablement lié aux procédures et aux changements de style de vie. L'autonomisation vous encourage à prendre à nouveau la responsabilité de votre vie et à améliorer votre relation. Dans le cas où vous êtes impliqué avec une personne qui souffre de nervosité, nous croyons que ce livre peut vous aider à améliorer votre vie et à vous sentir plus confiant. Pour les personnes souffrant de stress, l'autonomisation les encourage à reprendre la responsabilité de leur vie et à améliorer leurs relations. Ainsi, en prenant la responsabilité de votre stress et en choisissant d'y remédier, l'utilisation de tout ou partie des procédures de ce livre vous permettra de personnaliser votre aventure dans la récupération de vous-même et de votre relation.

CONCLUSION

L'anxiété peut vous faire sentir comme une autre personne dans la relation, un élément irritant entre vous et votre amant. La tension semble perpétuer l'incertitude et le désordre dans la relation tout le temps. Personne n'est préparé à cela dans une relation, cependant, on ne peut pas choisir qui on aime, et il n'y a pas de cours que nous pouvons suivre pour nous préparer plus facilement à vénérer quelqu'un qui a un problème de bien-être psychologique. Cependant, cette nervosité n'a pas à détruire ou à alourdir une relation. Lorsqu'un individu découvre comment obtenir de la tension et comment cela peut influencer les deux partenaires et la relation en général, la relation peut être restaurée, permettant aux deux partenaires d'interagir plus profondément sur un plan passionnel. Que vous disiez à votre partenaire que vous ressentez les effets néfastes de la nervosité ou que vous obteniez des informations sur votre stress, la façon dont vous examinez le sujet peut représenter le moment de vérité dans une relation. Les personnes qui ressentent les effets néfastes de la nervosité investissent beaucoup d'énergie à stresser et à anticiper des situations où tout, sans exception, pourrait mal tourner.

Les personnes qui subissent les effets néfastes de la nervosité investissent une grande partie de leur énergie à stresser et à anticiper des situations où tout, sans exception, peut mal tourner. Ils examinent trop leurs relations, posent des questions négatives et laissent les réponses refléter des résultats terribles. Bien qu'il soit typique pour les individus d'avoir ce genre de considérations et de questions de temps en temps, la nervosité les intensifie. Ceux qui ont un problème de stress considèrent ces questions régulièrement et avec puissance. Les personnes souffrant d'anxiété visualisent le résultat le plus sale imaginable, permettant à leur psychisme de prendre le dessus sur leur point de vue solide. Les réflexions sur les limites à ce point provoquent des manifestations physiologiques dans le corps. L'anxiété n'influence pas seulement l'individu qui la vit. Cela peut causer de l'anxiété chez votre partenaire et peut pulvériser une relation.

La tension n'a pas à risquer votre relation. Dès que vous aurez surmonté vos sentiments et utilisé les bons systèmes d'adaptation, vous pourrez avoir une relation saine. Ces systèmes adaptatifs empêcheront que l'inconfort ne soit également une cause d'anxiété dans votre relation. Le devoir de prendre la responsabilité de vos sentiments vous incombe en tant que personne qui souffre d'agitation. Voir un spécialiste qui peut vous montrer de bonnes méthodes pour gérer le stress améliorera votre satisfaction à l'intérieur et à l'extérieur de votre relation. Si vous êtes dans une relation à long terme, vous pourriez envisager de vous rendre à quelques séances de couples pour travailler sur les nerfs de votre relation.

Lorsque vous avez des pensées négatives, l'anxiété agit pour vous écraser et vous fait sentir que la vie est pleine de malheur. Dans tous les cas, le fait qu'il s'agisse de vos propres pensées négatives fait de vous la cause de tous vos problèmes. Dès que vous vous permettez d'avoir des pensées négatives, vous tombez dans le piège. Il faut que vous soyez de plus en plus conscient et que vous écoutiez les paroles que vous exprimez pour passer au crible le pessimisme. Lorsque vous pouvez percevoir des mots et des pensées négatives, vous pouvez les arrêter et les contrecarrer par des messages positifs ou électifs. En étant confiant et plein d'espoir, vous pouvez transformer l'antagonisme en vérité, et non en peur.

Ce n'est pas parce que les choses n'ont pas tourné différemment ou que vous avez été frustré dans le passé qu'elles ne seront pas différentes cette fois-ci. Le pessimisme n'est pas forcément quelque chose dont on se tourmente jusqu'à la fin des temps.

Un autre problème qui émerge du manque de confiance et de la nervosité est le désir. Le désir peut prendre le contrôle de votre vie. Il peut souvent détruire les liens et répandre une idée négative. Dès que vous laissez le désir vous submerger ou façonner la façon dont vous pensez à vous ou à votre partenaire, vous risquez d'interrompre votre relation. En essayant de comprendre d'où viennent vos sentiments d'envie, en trouvant des moyens de les gérer et en trouvant des approches pour faire face à vos sentiments, vous permettez à votre relation de s'épanouir. Les personnes qui subissent les effets négatifs de l'agitation sont conscientes de ces pensées dangereuses dans leur psyché, mais l'envie commence à s'installer lorsque ces pensées commencent à devenir fanatiques.

Le principal problème survient lorsque ceux qui sont mal à l'aise, en général, se retirent en essayant de se protéger du risque anticipé ou du tourment qu'ils croient être en train de subir. Quoi qu'il en soit, plus il se retire, plus son partenaire se retire, et plus il devient envieux. En vous débarrassant efficacement de votre nervosité et de votre jalousie, vous faites de votre relation une nécessité et décidez d'aimer et de vous rapprocher de votre partenaire plutôt que d'être disposé et indigne de confiance. Au moment où vous choisissez de combattre le désir, vous dites intentionnellement à votre partenaire que vous avez un sentiment de sécurité et de confiance en vous et en lui pour mettre sa confiance dans votre relation.

Les signes les plus connus d'une relation dans une situation difficile sont la façon dont les couples sont en désaccord ou se disputent et la façon dont ils règlent le différend entre eux. Vos objectifs, qu'ils soient négatifs ou positifs, peuvent influencer le ton de la relation et la façon dont les conflits sont résolus par la suite. Les contradictions qui se transforment en petites disputes ou en affrontements constants finissent généralement par rendre plus incertaine la possibilité que la relation dure. Heureusement, il existe des arrangements et la résolution des conflits peut être modérément simple avec l'aide d'un spécialiste.

Comme les personnes qui subissent les effets négatifs du stress sont généralement égocentriques, elles contiennent en général de telles choses qu'elles deviennent comme elles sont. Au moment où l'individu pratique l'écoute et la correspondance compatissante, il s'assure que son partenaire se rend compte qu'il est à l'écoute. En construisant une proclamation de compassion, on doit utiliser, "Alors vous sentez que..." Cela permet de mettre l'accent sur son partenaire et de l'éloigner de ses sentiments d'agitation. Dès que les deux partenaires utilisent ce système pour écouter attentivement les besoins passionnés de leur partenaire de vie, ils se tiennent à l'écart de la lutte et abordent les questions plus profondes qui sont à portée de main.

Un certain degré d'anxiété est quelque chose dont il faut être reconnaissant, et les recherches montrent qu'une grande pression peut inspirer et dynamiser un individu dans sa vie. La nervosité peut être le signe avant-coureur. Vous devez attirer l'attention sur votre situation actuelle et mettre en œuvre des améliorations majeures tout au long de votre vie. Le stress et l'anxiété constants peuvent être un signe que certaines parties de votre vie ont dérapé et doivent être modifiées. Bien que vos signes de nervosité puissent être difficiles à surveiller, si vous mettez de côté certains efforts de recherche et vous efforcez de vous adapter à votre agitation, cela peut être une véritable porte ouverte à l'épanouissement personnel. Chaque fois que le stress frappe, pensez au message qu'il vous envoie et aux changements que vous pourriez devoir apporter dans votre vie. Contrairement au fait d'être continuellement perçu comme un obstacle, le stress peut vous aider à vous sentir progressivement inspiré et organisé lorsque vous êtes en difficulté.

L'anxiété n'a pas à contrôler votre vie ou à ruiner votre relation. Elle peut très bien être utilisée pour devenir une personne plus forte et plus respectée. Un caractère fort ne signifie pas que vous devez être indiscipliné, craintif ou exagéré pour montrer votre caractère. Il est également possible d'avoir un caractère fort avec une certitude tranquille. L'agitation a ses circonstances favorables. Elle envoie un signal au corps que quelque chose est important ou pourrait être un danger pour vous. Lorsque vous vous sentez mal à l'aise avec les chaussures de votre collègue, lorsque vous vous en souciez à un niveau plus profond, si vous ne rencontrez pas de nervosité, il y a de fortes chances qu'à un moment donné vous vous rendiez compte que vous ne vous souciez pas autant que vous pensez à votre collègue.

Cependant, les tensions intenses devraient être éliminées, surtout si vous êtes susceptible d'aller de l'avant dans un partenariat important avec votre partenaire. Bien que la nervosité ne puisse pas être soulagée, elle peut sans aucun doute être contrôlée, et vous, en tant que personne souffrant de stress, avez la décision de participer ou non à votre propre comportement négatif. La nervosité crée de l'inspiration, de la raison et de la satisfaction à un degré limité. En effet, nous convenons qu'elle peut être effrayante, mais en pratique, la nervosité peut caractériser des domaines de notre vie que nous devons examiner. Elle nous pousse à mettre en œuvre les améliorations que nous devons apporter pour continuer à mener une vie de plus en plus heureuse.

Contrôlez votre anxiété ; établissez une relation plus solide et soyez une personne formidable !

Dernières paroles

Merci encore d'avoir acheté ce livre.

Nous espérons vraiment que ce livre pourra vous aider.

La prochaine étape consiste à vous inscrire à notre bulletin électronique pour recevoir des mises à jour sur les nouvelles parutions ou les promotions à venir. Vous pouvez vous inscrire gratuitement et en bonus, vous recevrez également notre livre "7 erreurs d'exercices que vous ne savez pas que vous faites". Ce livre de bonus décompose plusieurs des erreurs les plus courantes dans le domaine du fitness et démystifiera plusieurs des complexités et de la science de la mise en forme. Le fait d'avoir organisé toutes ces connaissances et cette science du conditionnement physique dans un livre que vous pouvez mettre en pratique vous aidera à partir dans la bonne direction pour votre parcours de mise en forme. Pour vous inscrire à notre bulletin électronique gratuit et obtenir votre livre gratuit, veuillez visiter le lien et vous inscrire : www.effingopublishing.com/gift

Enfin, si vous avez aimé ce livre, alors nous aimerions vous demander une faveur, auriez-vous l'amabilité de laisser une critique pour ce livre ? Ce serait très apprécié. Merci et bonne chance !

À propos des co-auteurs

Notre nom est Alex et George Kaplo ; nous sommes tous deux des entraîneurs personnels certifiés de Montréal, Canada. Nous commencerons par dire que nous ne sommes pas les plus grands gars que vous rencontrerez jamais et que cela n'a jamais été notre objectif. En fait, nous avons commencé à travailler pour surmonter notre plus grande insécurité quand nous étions plus jeunes, qui était notre confiance en soi. Vous traversez peut-être des difficultés en ce moment, ou vous voulez peut-être simplement vous mettre en forme, et nous pouvons certainement le comprendre.

Pour nous, le monde de la santé et de la forme physique a toujours été un sujet d'intérêt et nous voulions gagner un peu de muscle à cause des nombreuses intimidations dont nous avons souffert à l'adolescence. Nous imaginons que nous pouvons faire quelque chose pour l'apparence de notre corps. Ce fut le début de notre voyage de transformation. On ne savait pas par où commencer. Nous nous inquiétions et craignions parfois que d'autres personnes se moquent de nous parce que nous faisions les exercices incorrectement. Nous avons toujours souhaité avoir un ami pour nous guider et qui pourrait nous montrer les ficelles du métier.

Après beaucoup de travail, d'études et d'innombrables essais et erreurs. Certaines personnes ont commencé à remarquer comment nous nous mettions en forme et comment nous commencions à nous intéresser avec enthousiasme au sujet. Cela a fait que beaucoup d'amis et de nouveaux visages sont venus nous voir pour nous demander des conseils de fitness. Au début, cela semblait étrange quand les gens nous demandaient de les aider à se mettre en forme. Mais ce qui nous a fait continuer, c'est quand ils ont commencé à voir des changements dans leur propre corps et nous ont dit que c'était la première fois qu'ils voyaient des résultats réels. À partir de ce moment, de plus en plus de gens sont venus nous voir, et cela nous a fait réaliser qu'après tant de lectures et d'études dans ce domaine, cela nous a aidés, mais cela nous a aussi permis d'aider les autres. Jusqu'à présent, nous avons formé de nombreux clients qui ont obtenu des résultats plutôt surprenants.

Aujourd'hui, nous sommes à la fois propriétaires et exploitants de cette entreprise d'édition, où nous faisons appel à des auteurs passionnés et experts pour écrire sur des questions de santé et de condition physique. Nous avons également une entreprise de conditionnement physique en ligne et nous aimerions entrer en contact avec vous en vous invitant à visiter le site Web à la page suivante et à vous inscrire à notre bulletin électronique (vous recevrez même un livre gratuit).

Enfin, si vous êtes dans la position où nous étions autrefois et que vous souhaitez être guidés, n'hésitez pas à demander... nous serons là pour vous aider !

Vos entraîneurs,

Alex et George Kaplo

Télécharger un autre livre

gratuitement

Nous voulons vous remercier d'avoir acheté ce livre et vous offrir un autre livre (aussi long et précieux que ce livre), *"Les erreurs de santé et d'exercice que vous ne savez pas que vous faites"*, complètement gratuit.

Visitez le lien suivant pour vous inscrire et le recevoir :

 www.effingopublishing.com/gift

Dans ce livre, nous allons décomposer les erreurs les plus courantes en matière de santé et de forme physique que vous faites probablement en ce moment, et révéler comment vous pouvez facilement atteindre la meilleure forme de votre vie.

En plus de ce précieux cadeau, vous aurez également la possibilité de recevoir gratuitement nos nouveaux livres, de participer à des tirages au sort et de recevoir d'autres précieux courriels de notre part. Encore une fois, visitez le lien pour vous inscrire :

 www.effingopublishing.com/gift.

EFFINGO
Publishing

Pour plus de livres, visitez :

EffingoPublishing.com